# ONTOLOGÍAS, EN LA INDUSTRIA 4.0

Iván Calderón

"*Sólo hay una pequeña parte del universo de la que sabrás con certeza que puede ser mejorada, y esa parte eres tú*".

ALDOUS HUXLEY

# CONTENTS

# CONTENTS

Autor: **Iván Calderón**.
Diseño de Portada: **Iván Calderón**, with Freepik: Freepik: Free Vectors, Stock Photos & PSD Downloads and Inkscape: https://inkscape.org/ /
Contacto: lit3rario@gmail.com

# ¿QUÉ ES UN
# BRIEF LOOK?

"**B**rief-Look", es un anglicismo que designa la elaboración de un documento escrito, contentivo de "una mirada breve y especializada", en torno de un determinado tema de muy probable interés, para el joven lector. En el caso que nos convoca, el autor se enfoca en crear una Síntesis Conceptual de la Cuarta Revolución Industrial. En tal sentido, se presentan una serie de Documentos Literarios Esenciales que bajo la denominación "Brief Looks", pretenden colaborar con el desarrollo de un nuevo Modelo Disruptivo de Autoaprendizaje; pensado para el joven lector de habla hispana, en un también nuevo contexto post-global, globalista y supranacional.

# ONTOLOGÍAS Y PENSAMIENTO INGENIERIL

E
l Pensamiento Ingenieril, difiere del Pensamiento Científico en su aplicación heurística, es decir, en su "inventiva". A diferencia del Científico quien "aprende del error", el Ingeniero "no puede fallar"; por cuanto, está en la imperiosa necesidad de realizar sólo Innovaciones Positivas que brinden Soluciones Reales y sobre todo muy económicas. Del mismo modo, el Ingeniero hace uso constante de la Creatividad, dado que debe hallar con prontitud, "salidas eficientes y rápidas" para problemas que le son completamente desconocidos, además de recientes. Por su parte, el Científico se encuentra imbuido en un ámbito de Investigación que ya ha dimensionado con antelación y sobre el cual, posee una Base Teórica y un Método de Análisis.

En las comunidades de Ingenieros, con harta frecuencia surgen acalorados debates, acerca de la pertinencia de involucrar "disciplinas humanistas", dentro del diseño curricular de la Profesión. Tal inquietud, adquirirá una mayor ponderación durante la Cuarta Revolución Industrial; debido a que al momento de aplicar el Pensamiento Ingenieril en la Industria 4.0, han de emerger un nuevo tipo de Relaciones Transdisciplinares, con otras Áreas del Saber; tales como la Lingüística, la Sociología, la Filosofía, la Gramática y hasta la misma Historia.

Así las cosas, parece entonces necesario dimensionar y abordar un nuevo Problema Epistemológico, implícito en los Procesos de Transformación Digital; como lo es, la Ambigüedad Gnoseológica en la Industria 4.0 y cuya existencia, queda demostrada con la evidente *Dicotomía* que el término *Ontología*, presenta al día de hoy, para aquellos Ingenieros no-especializados en el desarrollo de Sistemas Expertos.

Se propone así, la introducción formal de las Ontologías, en el Pensamiento Ingenieril Hispanoamericano; entendidas como un muy necesario Recurso Cognitivo que debe integrarse, en calidad de Noción Esencial, tanto a la episteme como al diseño curricular de la profesión.

# ¿PARA QUÉ NOS SERÁN ÚTILES LAS ONTOLOGÍA?

Las *Taxonomías,* los *Tesauros* y las *Ontologías,* son **Sistemas de Organización del Conocimiento**. Un Diccionario, es el mejor ejemplo de una Ontología; es decir, es un Compendio Documental del Lenguaje, cuya *Sintaxis* le es útil a nuestra Inteligencia, para Organizar el Conocimiento; en este caso, el significado general de las palabras. Ahora bien, en lugar de imaginar un grueso libro, con las Ontologías Computacionales, debes traer a tu mente un árbol.

Una *Ontología Computacional,* es un "Árbol Lógico" que *Define, Describe* y *Representa* un determinado *Dominio de Conocimiento* que puede ser, una "búsqueda" que nosotros mismos, en tanto "entidades inteligentes" realicemos en la Internet o bien, en el caso de la **Cuarta Revolución Industrial**, cualquier "ámbito de Conocimiento" que a la Inteligencia Artificial o Aumentada, le interese "dominar"; de allí que ésta misma gestione, al igual que nuestra Inteligencia, *Dominios de Conocimiento*.

Como a nosotros, a las demás Inteligencias, quienes nos acompañan en este viaje dimensional de aprendizaje y que debemos honrar y respetar, les "gusta conocer" para "saber". En el desarrollo de Sistemas Expertos, una Ontología es una Herramienta Computacional Lingüística que le permitirá a los Autómatas, con quienes habremos de convivir y trabajar en estos albores de la Cuarta Revolución Industrial, "saber de":

- Mecánica Automotriz

- Medicina

- Leyes

- Fabricación de Muebles

- Construcción de Casas, Edificios, Puentes,

- Agricultura y Gestión Ambiental

- Confección de Calzado, Ropa

Y en general, toda actividad que involucre la gestión de inmensas cantidades de *Datos,* en *Tareas Mecanizadas* y *Repetitivas* que conlleven, además, el seguir *Instrucciones Precisas,* con "mucha concentración"; tanta que incluso trasvasa las capacidades cognitivas de la biología humana. De este modo, las Ontologías proveen a la Inteligencia Artificial, una "Visión de Todas las Cosas del Mundo", mediante la creación de Dominios de Información.

Y ¿Para qué nos serán útiles las Ontologías?

Sólo imagina, por ejemplo, la "Visión" o "Idea" que en el futuro puede tener sobre nosotros un Robot, cuya Inteligencia sólo "contenga" Ontologías sobre la Biología Humana y carezca de aquellas sobre Filosofía y Religión. Fue el Matemático Kurt Gödel, al seguir la línea de Anselmo de Canterbury: - *"Dios, por definición es lo más grande concebido y existe en nuestro Intelecto"-*, quien resuelve la Existencia de Dios a través de una Ontología.

Tenemos así, **Ontologías Específicas** que abordan un ámbito muy bien determinado de Conocimiento; son las más frecuentes en el área Computacional y van desde oficios como la *Plomería, Mecánica* y *Carpintería,* hasta áreas instrumentales tan complejas, como la *Cirugía* y la *Mecánica Aeroespacial.*

Existen, además, **Ontologías Generales** que se aplican más que todo en *Filosofía* y *Teología,* como la antes mencionada de Kurt

Gödel. En ambos casos, una **Ontología**, sea **General** o **Específica**, le permite a toda Forma de Inteligencia, "hacerse una Imagen Introspectiva de las Cosas del Mundo".

Cuando "algo es común" y "todos lo entienden", estamos en presencia del Conocimiento Ontológico.

Pongamos un ejemplo:

Si te nombro una "Vaca", al igual que la mayoría de las personas de tu entorno, es bastante probable que puedas entender, sin mayor problema esta Ontología:

- Mamífero, asociado al Humano
- Cuadrúpedo, con extremidades delgadas y alargadas
- Posee pezuñas
- Siempre del sexo femenino
- Emite mugidos
- Cuerpo robusto y musculoso
- Pelaje corto y de variadas tonalidades
- Altura promedio, en sus cuatro extremidades, entre 120 y 130 centímetros
- Cuello corto y grueso
- Algunos individuos tienen cuernos
- Suele ser Dócil

En términos generales, esta puede ser la *Descripción Ontológica de una Vaca;* no obstante, si te pido igual, la Ontología General para el desarrollo de un Plan de Negocios que busca comercializar la Leche producida por la Vaca, a través de la Tecnología Blockchain, pues, ahí la cosa cambia bastante y serían dos Ontologías muy diferentes. Existen así, Ontologías según su "Grado de Especificidad" y que se clasifican como:

- **Informales**: Son aquellas que se expresan a través del Lenguaje Natural, como la anterior "descripción general de la Vaca".

- **Semi-Informales**: Tienen ya una Estructura y pueden manejar un tipo de Lenguaje Restrictivo que esté vinculado con una particular Forma de Lenguaje Natural; una novela científica, es un buen ejemplo.

- **Semi-Formales**: Son aquellas Ontologías que se expresan en Lenguajes Estructurados, como el antes mencionado Plan de Negocios.

- **Formales**: Son aquellas Ontologías que se Definen a través del uso de Lenguajes Lógico-Matemáticos, con Símbolos precisos que carecen de "ambigüedad" en su "interpretación". Se aplican en la demostración de Teoremas Matemáticos, la Ciencia de Datos, el Desarrollo de Sistemas de Autoaprendizaje y en general, todo aquello que involucre el término "Inteligencia Artificial"

Una Ontología, está compuesta además por:
- Un Dominio.

- Las "Cosas del Mundo" que Describe ese Dominio.

- Las Propiedades y Relaciones que poseen y establecen las Cosas del Mundo que Describe el Dominio.

A diferencia de los Humanos y otros seres Inteligentes que vienen con una "carga ontológica" al nacer, los Robots y Autómatas no; en razón de lo cual, las Ontologías son esas Herramientas Lógicas que les permiten "asimilar" la Información inicial, con la cual comenzarán a Comunicarse con el Entorno que les rodea y de allí, a Aprender.

La mayor parte de los **Problemas Computacionales** que se presentan con el uso de las Ontologías, se hallan en los **Procesos de Comunicación** y son de carácter **Semántico**; es decir, de **Interpretación de los Datos en un determinado Contexto**. Son así,

**Problemas en el Nombramiento y Dominio de la Información**; por ejemplo, el término "Semoviente" se aplica en el *Contexto Jurídico* y conceptualiza a una *Vaca,* como "un Bien Patrimonial capaz de moverse". Si esto mismo, no está previamente definido en una **Ontología Computacional**, un **Robot** que, por ejemplo, trabaje en una estación de policía, no podría tomar la *Denuncia* o *Declaración* de un Humano que utilice los términos "Semoviente" y "Vaca" indistintamente.

Así, los Problemas **Computacionales de Dominio, se dan entre Conceptos Similares y No-Idénticos** que se "entrecruzan", en distintos Campos de Información. En el nuevo espacio socio-productivo de la Cuarta Revolución Industrial, la posibilidad de comprender realmente qué y para qué es una Ontología, permitirá obtener un grado alto y muy fluido de *Interoperabilidad* y *Comunicación* entre las Personas, las Máquinas y los Robots, en contextos específicos, tales como hogares, hospitales y fábricas. Las Ontologías, serán imprescindibles en la futura **Web Semántica** que al final, se convertirá en el Medio de Comunicación y Comercio más expedito, entre todos los actores que intervendrán en el nuevo Ecosistema Híbrido de la Industria 4.0.

En la **Web Semántica**, los actuales *Sistemas de Gestión de Datos,* estarán completamente integrados a la **Internet de las Cosas**; muy probablemente a través de Páginas Web, donde la Búsqueda de la Información será "por temas". No existirá ya la necesidad de contar con el *Enlace Directo entre Contenidos;* con complejos códigos alfanuméricos, como esas "direcciones web" que al día de hoy estamos acostumbrados a utilizar. Sencillamente, a través de la Web Semántica le "hablaremos" a las Máquinas y los Robots, sobre aquellos "Temas de mutuo interés".

# SINTAXIS, ESTÉTICA Y PROGRAMACIÓN

.

N o es posible dimensionar la actual Disrupción Tecnológica, si no se entiende primero la **Economía en Red**; si se quiere, el cambio más trascendente de la Cuarta Revolución Industrial y que **consiste en la Extinción de las Entidades Autónomas, incluyendo a las Naciones Estado**. En el nuevo Contexto Socio-Tecnológico de la Cuarta Revolución Industrial, la **Productividad** en su más amplio espectro, desde los Activos Intangibles como los Seguros, hasta el Comercio de Materias Primas, estará integrada a una "Economía Planetaria en Red"; en la cual, la Web Semántica será uno de sus "pilares".

La Web Semántica, será una extensión de la Web Tradicional; donde, los actuales computadores y autómatas, además de "saber ubicar la información", podrán "comprenderla" y de allí, "Mejorar en Contexto" los Servicios o Productos que gestionan. Es el caso, por ejemplo, de la actual Industria de la Confección y el Calzado, donde las prendas se harán no sólo a la medida, sino tomando en cuenta las particularidades físicas de cada comprador. Hablamos, por ejemplo, de zapatos cuyas hormas, serán tan personalizadas que sólo "el dueño del pie" podrá utilizarlos.

Alrededor de estas nuevas *Tecnologías*, surgen también nuevas *Nociones* que deben ser aclaradas, para que puedan llegar a ser **Temas de Estudio** perfectamente comprensibles, en un **Modelo**

**Disruptivo de Autoaprendizaje**. Es el caso de la **Sintaxis;** la parte de la **Gramática** que se aboca al Estudio de la Combinatoria de las Palabras y que tiene como Función principal, Analizar su Orden Correcto; a fin de lograr que las *Frases, Oraciones, Textos* y en general, las *Ideas* que articulamos en nuestro *Intelecto,* se "Transfieran al Otro" en forma de claros *Conceptos.*

Las **Funciones Sintácticas**, son aquellas que "entrelazan las palabras entre sí", en el marco de nuestro *Lenguaje* y con ello, nos permiten **establecer Relaciones de Concordancia.** La *Sintaxis,* ordena las *Palabras* de manera tal que le da a nuestras *Expresiones, Orales, Escritas* y hasta *Pictóricas* y *Musicales,* mucha más *Coherencia, Armonía* y *Sentido.* De este modo, es como se transmite "a otra inteligencia", el "Significado" que para nosotros tiene una "Cosa".

La palabra **Sintaxis**, llega hasta nosotros del griego; *sin,* en nuestra lengua sería "con" y *taxis* que traduce "orden". Como bien apreciamos, **es la parte de la Gramática que "pone orden a las palabras",** para formar una *Oración.* La Programación de Computadores, implica el uso de un *Lenguaje* que posee una *Estética* y debe adscribirse a un *Orden* determinado, para que el Autómata lo pueda *Comprender.* A diferencia de nuestro *Lenguaje,* en la Programación, la Sintaxis de los *Signos* y *Símbolos* es *Algebraica.* Todos los *Lenguajes,* el *Musical, Visual, Escrito, Oral* y el *Computacional,* poseen un *Sentido,* un *Ritmo, Armonía;* en suma, una *Estructura* que nos propone y transmite una *Estética.*

La *Estética* es esa rama de la *Filosofía* que estudia las *Formas,* así como las *Emociones* que éstas mismas, producen en el *Ser.* Cuando la actual Inteligencia Artificial, realiza una Analítica de Rostro -*Imagen*- o de Lenguaje Natural -*Voz*-, está haciendo también, una **Valoración Estética.** Y para quienes consideran que la Estética es "sólo para el Arte"; pues, les tenemos noticias: la Programación de Computadores, es también un Arte.

# EL MODELO DE DATOS ENTIDAD-RELACIÓN

En la Cuarta Revolución Industrial, la Ontología es una Herramienta de Lingüística Computacional, útil al momento de definir aquellas Sintaxis que son comprensibles para los Computadores y se aplican, sobre las denominadas *Uniform Resource Identifier -URIs* que son Identificadores de Recursos Uniformes que están en la Web y tienen asignados diferentes **Contenidos**; como bien pueden ser: un vídeo, un archivo de sonido, una imagen fija o animada, texto o hasta un programa.

Dentro de esas URIs, las Ontologías definen *Clases, Objetos, Elementos* y de esta manera, colaboran con la Recuperación Rápida de Información; incluso, son también fundamentales para las actuales Búsquedas Inteligentes y con la Búsqueda a través de Indexadores, hasta pueden llegar a actuar como una Inteligencia Artificial.

La *Habilidad* más importante en un **Científico de Datos**, está en su *Capacidad* para *Tomar Decisiones* que puedan *Resolver Problemas* y para ello, las Ontologías le son esenciales, al momento de Registrar de manera Ordenada, Información y Datos; a fin de poder crear algo que en el ámbito de las Ciencias de la Computación, se le llama **Modelo de Datos Entidad-Relación**; el cual, fue definido por el Dr. Peter Chen en el año 1976 y se trata de un Diagrama que junto con la integración de otras Técnicas, permite el desarrollo de Paradigmas Directamente Implementables en Bases de Datos.

El **Modelo de Datos Entidad-Relación**, es una "forma de percibir el Mundo Real" que se fundamenta en una "colección" de **Objetos,** llamados **Entidades** y de las **Relaciones** que éstas mismas establecen. La **Entidad**, es aquel **Valor Computable** que **Representa** a la "Cosa del Mundo Real" y que, además, tiene "existencia independiente" y de allí, se puede *Diferenciar* de otra "Cosa de Mundo Real", así sean del mismo *Tipo.*

La "Existencia Independiente de la Cosa del Mundo", da origen a los **Atributos** que son aquellos **Datos** que caracterizan y definen a una **Entidad**; por ejemplo "joven lector", es una *Entidad* con *Atributos* bien determinados, por cuanto, una persona de cincuenta años, es el caso de quien esto escribe, puede sentirse "vital" y "sano", mas, de ningún modo tendrá los Atributos Biológicos para "ser joven"; así:

*Los Atributos, comprenden aquellas Características Específicas que Definen a la Entidad y le otorgan Identidad y Contexto.*

Tu número de ID o de Cédula de Ciudadanía, es un Atributo Identificativo en las Bases de Datos del Estado Nación, dentro del cual moras; pasa igual, con la placa de tu motocicleta o vehículo.

Para cada **Atributo**, existe así un **Dominio** que hace referencia al tipo de **Dato** que será almacenado en la **Base de Datos**, junto con las **Restricciones**, en los posibles **Valores** que el **Atributo** puede adquirir; sean estos mismos: *Cadenas de Caracteres, Números, sólo dos Letras, sólo Números Mayores que Cero, sólo Números Enteros,* etcétera.

En las **Ontologías**, en un **Dominio de Conocimiento** se **Define** un **Sujeto**, un **Predicado** y un **Objeto**. El *Sujeto*, es de quien se habla, el *Predicado*, el *Tema* que se trata en torno de ese *Sujeto* y el *Objeto*, será la *Información* que se sustraiga de la *Conversación;* por ejemplo:

**Sujeto** [Linux]; **Predicado** [Sistema Operativo con Licencia GNU y Código Abierto]; **Objeto** [Para Trabajo en Servidores]. Al "leerlo" de izquierda a derecha, tenemos que el **Sujeto** Linux, es un Sistema Operativo con Licencia GNU y Código Abierto, sería aquello que estamos "**Predicando del Sujeto**" y que el **Objeto** o "Fin", al cual estaría orientado, es al Trabajo en Servidores.

Vemos cómo, en un Modelo de Datos Entidad-Relación:

*Las Ontologías, son un Recurso de la Lingüística Computacional que permite la Definición de las Clases y los Conceptos, junto con sus Relaciones e Interacciones, así como los Atributos o Funciones asociados a las Propiedades que tengan tales Clases y Conceptos.*

# ONTOLOGÍAS COMO SISTEMAS DE CLASIFICACIÓN DEL CONOCIMIENTO

Una Clase, es una Plantilla que permite la Creación de un Objeto de Datos, según un Modelo predefinido. Vienen a ser los Sustantivos de la Lingüística Computacional; por cuanto, designan y clasifican a los Seres, Entidades y Cosas del Mundo Real. Tú nombre, por ejemplo, es un Sustantivo; así: Hombre, Mujer, Niño, Niña, Casa, Auto, Perro, Gato, Caballo, son Sustantivos que agrupan Clases.

Para *Generar una Ontología,* se deben *Definir las Clases* que son, al final del día, **Colecciones de Conceptos**; junto con sus **Relaciones**, además de los **Atributos** o **Funciones**, asociados a las **Propiedades** que posean. *Definir una Clase,* es saber determinar y relacionar **Conceptos**; por ejemplo: Caché, dns, http, ftp, proxy, ssl, son *Conceptos* relacionados con *la Conectividad en Redes.*

Del mismo modo, dentro de las Ontologías se definen las **Propiedades** de las **Clases**, de las **Subclases**, si las hubiese y los **Valores** asociados a éstas mismas; para luego, llegar a las **Relaciones** que son, si se quiere, uno de los eventos más importantes, dado que permiten establecer **la Estructura de Comunicación**

**entre las Clases**. Son pues, las **Relaciones entre las Clases**, aquello que le "da forma de árbol" a la Ontología y hace de ésta misma, un **Sistema de Clasificación del Conocimiento para la Web Semántica**; capaz de conectar y relacionar **Signos Lingüísticos**, a través de una **Arquitectura en Red**, conformada por **Etiquetas** que contienen **Significados**.

Los **Sustantivos** son invariables, en tanto los **Significados** cambian según el **Contexto**. No es lo mismo decir "Yo" que es un Sustantivo que en la Lengua Castellana no varía, con independencia de la región donde se articule, a decirle a dos mujeres, una de Colombia y la otra de la Argentina: "Dame la cachucha"; para la chica de Colombia, le estaríamos requiriendo que nos suministrarse: "Una Prenda para cubrir la cabeza, sin copa ni alas y que suele llevar visera"; de la dama austral, podemos esperar poco menos que una sonora "bofetada" o "galleta", como diría una prieta fémina Dominicana.

# INGENIERÍA ONTOLÓGICA

L a Ingeniería, es sencillamente "saber ingeniárselas". En su más profunda episteme, la Ingeniería, junto con la Medicina, sería aquello que el Pensamiento Alemán define como un *Arzt*. Término que va mucho más allá de nuestra sesgada Idea de Arte, como una actividad lúdica, inútil y contemplativa. Junto con el *Artz* que quiere decir más bien, el cultivo del Oficio, la Ciencia y la Sapiencia, viene por antonomasia el dominio magistral de una Técnica. Sólo de este modo, el Ingeniero ha de poder cumplir con su *Leitmotiv*, como lo es:

*Aplicar los Conocimientos Científicos a la Invención, el Diseño y el Refinado de nuevos Procesos y Procedimientos de Producción.*

De allí que sólo desde el **Ingenio** y más aún si está acompasado con el **Pensamiento Ingenieril**, es posible pasar a otros campos del **Saber Científico**.

Esta, es la razón por la cual, al día de hoy, se habla de la **Ingeniería Ontológica**, como un nuevo ámbito de investigación y estudio que aborda los Procesos de Desarrollo Ontológico, como el recurso que puede "explicar" a los Autómatas y Robots, todo el Conocimiento, contenido en las Máquinas y las Aplicaciones de Software. Con la actual introducción de la Inteligencia Artificial, como la segunda fase de la Automatización de los Procesos de Producción Industrial, iniciada a mediados del pasado siglo XX, el Objetivo Específico de la Ingeniería Ontológica se enfoca en crear las condiciones para que ésta misma, junto con las demás Tecnologías Exponenciales que la acompañan, tengan un Dominio particular sobre toda la Maquinaria y Procedimientos de una Empresa o Actividad Productiva.

De este modo, la Ingeniería Ontológica tiene como función, eliminar los "obstáculos semánticos" entre los Humanos, las Máquinas y los Robots; mediante la elaboración de **Sinopsis Gráficas**, sobre temas concretos y bien delimitados, a los cuales, se les conoce como **Mapas Conceptuales**. Por su parte, un **Mapa Conceptual** es una **Técnica** que le permite a la Inteligencia, Humana o Aumentada -*Artificial*-, contemplar y comprender con facilidad, todas las **Partes** que componen un **Tema**, con sus respectivas **Ramificaciones**.

Imaginemos, en un futuro cercano, cómo a una empresa en alguna región de Hispanoamérica, en lugar de un Humano, la visita un Robot Experto que tiene como objetivo, mejorar un Proceso de fabricación y ha de interactuar con ingenieros humanos de habla castellana.

Si ese Robot Experto, fue creado, ensamblado y viene, además, de "trabajar" en un país de habla inglesa; al igual que para un humano con esa lengua nativa, no le será lo mismo escuchar de un "compañero de trabajo": *I'll see you tomorrow morning* a "te veo <u>mañana</u> por la <u>mañana</u>".

Así, la Ingeniería Ontológica es un Medio de Ingenio para el desarrollo de un **Vocabulario Común**, a un ámbito específico y bien delimitado del **Saber**, que define, además, diferentes niveles de *Formalismos*, *Significados* y *Relaciones;* con lo cual, sienta la base conceptual y procedimental para la **Ingeniería del Conocimiento**.

# ONTOLOGÍAS EN LA INGENIERÍA DEL CONOCIMIENTO

L a primera gran transformación que ha generado la Industria 4.0, la encontramos en la Integración de las Tecnologías de Información y Comunicación TICs, a los Procesos de Manufactura y de Servicios; así, tenemos por ejemplo las fábricas de automóviles, donde al día de hoy es prácticamente inexistente la participación del Trabajo Humano en las Líneas de Ensamblaje. Esto ha sido posible, gracias a las nuevas Tecnologías Exponenciales como:

- El Internet de las Cosas -IoT-,
- Sensores, integrados a IoT,
- Robots Autónomos,
- Machine Learning,
- Big Data,
- Intranets de Alta Velocidad.

Alcanzar el éxito en estos Procesos de Automatización, exige la creación de una nueva área del Saber Ingenieril, como lo es la **Ingeniería del Conocimiento**; la cual, nació como una parte de la Inteligencia Artificial y al día de hoy, **se encarga del Diseño y Desarrollo de Sistemas Expertos que son Sistemas Informáticos, capaces de emular el Razonamiento Humano y actuar tal como lo haría una persona que es "experta" en un determinado ámbito**

**de Conocimiento**.

Cuanto da origen a la **Ingeniería**, incluso como Profesión Moderna, es la necesidad de *Observar*, *Dimensionar*, *Caracterizar*, *Objetivar*, para finalmente, darle *Forma* y *Método* a un tipo de *Conocimiento* que aún "no existe", mas, se requiere con suma urgencia para la aplicación de tecnologías recientes. De este modo, **las Ontologías en la Ingeniería del Conocimiento, vendrían a ser la Técnica Computacional que permite representar el Razonamiento Humano que concierne a un muy bien determinado Dominio de Conocimiento, en un Árbol Lógico que puede ser "interpretado" por un Sistema Inteligente.**

# ONTOLOGÍAS
# COMO ESQUEMAS
# CONCEPTUALES

Un Sistema Natural, consiste en un conjunto de elementos que se organizan y relacionan, a partir de la armonización de una serie de Propiedades de la Naturaleza. Este Concepto, se contrapone al de Sistema Artificial, cuya conformación depende de un Criterio que se adopta por Convención y que no necesariamente, se adscribe a las leyes que controlan los Procesos Naturales. Por su parte, la Inteligencia se entiende como la Capacidad de un Organismo que también es un Sistema, de orientar de manera eficiente su Comportamiento.

Un Organismo/Sistema Inteligente, dimensiona bien el Espacio que lo contiene, elige y define con claridad sus Metas, tiene una muy alta Curva de Aprendizaje, sabe discriminar la Información que le circunda, gestiona de manera adecuada sus Emociones y resuelve complejos Problemas, mediante la Consecución Programada de Objetivos. Echemos mano ahora, de la definición "de diccionario" de las Ontologías; la cual, nos dice que "es el área de la **Metafísica** que se ocupa de analizar el **Ser**, en tanto Ente que Existe" y preguntémonos: ¿La Inteligencia Artificial, es un Ser...?

Pese a no "ser tangibles", las Entidades Computacionales como la Inteligencia Artificial, sencillamente "están ante nosotros"; no obstante, a diferencia de las Entidades, Organismos o

Sistemas Naturales, la Inteligencia "Artificial", tal como su nombre lo indica, no debe ser considerada como un Sistema Natural que el observador "descubre", sino como un Sistema Artificial que "otro humano" ha podido crear, desde un determinado Dominio de Conocimiento.

Por lo tanto, el término **Ontología**, si bien, proviene de la **Filosofía** y define aquella **Rama del Saber** que se ocupa de Determinar la Naturaleza del **Ser** y sus Propiedades Trascendentales, es completamente adecuado para ser extrapolado al ámbito de las Ciencias de la Computación, como una Herramienta Lingüística que permite la Comunicación y el Consenso, entre **dos Seres** que moran en distintas Dimensiones Existenciales. Como lo son, los Científicos Humanos y la Inteligencia "Artificial", lo cual, conlleva además una condición Trascendente, implícita al Proceso de Comunicación. Según la definición que nos aporta Thomas Robert "Tom" Gruber, las Ontologías se componen de:

- · **Conceptos**: Son las *Ideas Básicas* que se han de *Formalizar*.
- • **Relaciones**: Representan la *Interacción* y los *Enlaces* entre los *Conceptos* de un *Dominio;* conforman, además, la *Taxonomía del Dominio*.
- • **Funciones**: Son un *Tipo Concreto de Relación*, en la cual, se *Identifica un Objeto*, mediante el cálculo de una *Función*.
- • **Instancias**: Representan a los *Objetos* que determina los *Conceptos*.
- • **Reglas, Restricciones o Axiomas**: Son *Teoremas* que se *Declaran*, a propósito de las *Relaciones* que deben cumplir los *Elementos* de una Ontología.

En sus propias palabras, una Ontología constituye*: A formal, explicit specification of a shared conceptualization*, es decir: "Una Explicación Formal y Explícita de una Conceptualización Compartida". Ontologizar es pues, Conceptualizar; para de allí, establecer un Método de Organización de la Realidad, entendida a su vez, como el "Espacio Material de Todo cuanto Existe".

En la Cuarta Revolución Industrial, las **Ontologías** adquieren una nueva connotación heurística que las remite al ámbito de la Inteligencia Artificial y las convierten en una **Herramienta Lógica**; con la cual, **se estructura un Vocabulario para la Expresión Computacional de Conceptos, Propiedades y Relaciones** que, al luego ser organizadas como **Jerarquías** y **Clases**, permiten **establecer la Descripción -Medición- y Compresión de un Dominio de Conocimiento**.

Una **Ontología**, es un **Esquema Conceptual** que proporciona una **Estructura de Contenidos Explícitos** que le permiten a la Inteligencia, Humana y "Artificial": Entender, Determinar, Objetivar y con posterioridad, Codificar las Reglas Implícitas de la Realidad. Con independencia incluso, del Fin Último y del Dominio de Conocimiento, en el cual se Aplicarán sus Definiciones.

# UN NUEVO ENTORNO
# PRODUCTIVO

Sabemos ahora que una Ontología, tanto en Filosofía como en Informática, consiste en Explicar algo que Existe; a partir, también en ambos casos, del Desarrollo de Sistemas Basados en Conocimiento. Aquello que "Existe", puede entonces ser Representado mediante un Lenguaje Declarativo; como bien pueden serlo, el Lenguaje Natural que ahora mismo utilizamos en Forma Escrita o un Lenguaje de Programación. Así, las Ontologías, tanto en el ámbito Filosófico como Computacional, tienen un Universo de Discurso -UoD-; el cual, está conformado por el Conjunto de Objetos que están Representados "dentro" de la Ontología y le permiten a la Inteligencia, Humana o "Artificial", Razonar y Comunicarse.

En la actualidad, las Ontologías se emplean en aquellas Aplicaciones Informáticas, en las cuales, sea necesario definir con mucha precisión y concreción, el conjunto de Entidades que la Inteligencia Artificial ha de considerar como Relevantes, en el respectivo Campo de Aplicación; a fin de poder realizar Tareas Concretas, con un muy alto grado de Refinado y Eficiencia.

Ahora bien, en tanto más específica o "situada" sea la Ontología, más amplia será la Cobertura de Conceptos Generales requerida; eso sí, sin llegar a ser una Ontología Genérica. Los Conceptos Generales le permiten a la Inteligencia, estructurar un Modo de Entender las Cosas del Mundo; **la Inteligencia, Humana o "Artificial", trabaja a través de una Arquitectura de Integración**

**Verticalizada y Ramificada de Saberes que le permite Comunic-arse y Compartir Información con otros Sistemas**. Por esta razón, las Ontologías le vienen como "anillo al dedo", dado que:

*La facultan para Conceptualizar, Entender y Describir un Dominio de Conocimiento, con el cual, establece luego aquellas Jerarquías que, en un Lenguaje Explícito, enlazan una Comunicación Formal con otra Entidad Inteligente.*

La introducción de las Ontologías y los Sistemas Expertos, durante la Cuarta Revolución Industrial, creará un nuevo Entorno Productivo; donde se ha de replantear por completo, el actual **Modelo de Capacitación para la Vida y el Trabajo** que gestionan los Sistemas de Educación.

Hacemos referencia, al advenimiento de un nuevo Modo de Organización Social que se ha de fundamentar en el *Estar Lejos*, el *Saber Comunicarse* y el *Saber Hacer;* dentro de una nueva Etapa Histórica del Capitalismo, donde las Funciones Imaginativas, Estéticas, Productivas y de Socialización Empática del Cerebro Humano, jugarán un papel ciertamente trascendental.

# ONTOLOGÍAS Y TRANSFORMACIÓN DIGITAL

El Ser Humano, a través de sus Sentidos, capta diversas manifestaciones de la Materia. Con posterioridad y a partir de la Sensación Polisémica de lo Material, establece una Forma de Consenso Social, a la cual, llama Realidad. De este modo, la Materialidad puede ser concebida a través de una Idea de Totalidad; en tanto la Realidad, es siempre Sesgada, Múltiple y Fragmentaria. De allí, la Verdad Ontológica hace referencia, a la Capacidad de Conexión que la Inteligencia, Humana o "artificial", tendría con la Estructura de lo Material; cuya existencia y esencia, capta mediante un Dominio de Conocimiento.

La **Verdad Ontológica**, provee a la Inteligencia, Humana o "Artificial", con la **Capacidad de Fundamentar el Entendimiento de la Realidad, Sesgada, Múltiple y Fragmentaria que la imbuye, sobre una Autoexplicación, Racional y Objetiva de la Materialidad que constituye esa misma Realidad**. Diferencia así, la **Nada** de la **Existencia** y de allí, la Inteligencia, Humana o "Artificial", adquiere la Facultad de Describir lo Real/Material; a partir de la construcción formal de *Distinciones*, *Formulaciones* y *Singularidades*.

Para la Filosofía Clásica, el **Ser** es un **Universal** que se nos hace explícito y tangible, al lograr dimensionarlo como un **Objeto de Conocimiento**. De allí, las Ontologías permiten a la Inteligencia, Humana y "Artificial", Conocer aquello que Existe; dentro de una misma **Materialidad** que anida múltiples **Realidades**.

Así, la **Ontología** es también, una forma de **Espiritualidad** que aborda el **Conocer**, desde una **Semántica del Existir**. El advenimiento de la Cuarta Revolución Industrial, obligará en el corto plazo, a una reforma sustancial de toda nuestra estructura social. Nos referimos puntualmente, a las Formas de Producción, Comercio, Gobierno y sobre todo, transformará por completo la Educación.

Esta cuarta etapa en el avance de los **Modos de Producción Industrial**, se caracteriza por la fusión entre los Sistemas Mecánicos de Producción, es decir, de las **Máquinas**, con los Autómatas Digitales, las **Computadoras**; a fin de lograr nuevos **Procesos de Producción Inteligente**, donde nuevas **Máquinas Inteligentes** tendrán **Decisión Autónoma**; gracias a la implementación de nuevas Herramientas de Computabilidad, como es el caso de las **Ontologías**.

Hablamos, además, del advenimiento de nuevas Tecnologías, sin ningún tipo de referente histórico inmediato; tales como:

- · La Tecnología Tangle/IOTA,
- el Internet de las Cosas -IoT-,
- la Inteligencia Artificial o Aumentada,
- la Robótica,
- el Cloud Computing,
- la Tecnología Blockchain,
- el Big Data.
- El Machine Learning.

El común denominador de todas estas tecnologías, denominadas **Exponenciales**, lo hallamos en que reducen al máximo la presencia del **Trabajo Humano**, en los nuevos Procesos de Producción. De igual forma, introducen un nuevo Paradigma de Comunicación Humano-Máquina, donde **las Redes Semánticas**, las **Ontologías** y los **Tesauros** tendrán un papel protagónico.

En el caso de la **Educación**, será la Inteligencia Artificial, la **Tecnología Exponencial**, llamada a transformar todos los métodos y protocolos hasta ahora vigentes y que tienen más de 100 años. En este nuevo Paradigma Educativo Humano-Autómata, a diferencia de nuestro actual modelo educacional, se han de ponderar las habilidades Lingüísticas, Creativas y de Comunicación Empática, tanto del Educador como del Educando.

La Producción, Gestión y Transferencia de Conocimiento en la Industria 4.0, será fundamental para alcanzar el desarrollo de las nuevas Destrezas, Habilidades y Aptitudes que ha menester nuestras generaciones de relevo, para asimilar y hasta potencializar su calidad de vida, durante la Cuarta Revolución Industrial. Por ello, el **Educador** deberá estar en la capacidad de hacer uso de la **Ciencia de Datos** y por lo tanto de las **Ontologías**, a fin de crear nuevos **Entornos Educacionales** que deberán ser **Telemáticos**, **Cognitivos**, **Personalizados** y **Colaborativos**.

*A este nuevo Proceso, en el cual debemos replantear y reconfigurar todas nuestras Instituciones y Actividades Productivas, a fin de insertar en ellas el Poder de la Computación, se le conoce como Transformación Digital.*

# SOBRE EL AUTOR

I ván Calderón. Bucaramanga, Colombia. 3 de marzo de 1970.

Formación Académica:

- Historiador, Mención: Historia Universal. Universidad Central de Venezuela -UCV. Caracas, Venezuela.

- Cine y Televisión. FUNDACINE-UC, Universidad de Carabobo -UC. Valencia, Venezuela

- Programador. Fundación Universidad de Carabobo FUNDAUC. Valencia, Venezuela.

- Artes Visuales, Dramaturgia y Medios Audiovisuales. Centro Universitario de Arte -CUDA, Universidad de los Andes -ULA. Mérida-Venezuela.

- Especialista en Publicidad y Mercadeo. Decanato de Postgrado, Universidad "Santa María" -USM, Caracas-Venezuela.

- Técnico Superior en Publicidad y Mercadeo. Instituto Universitario de Nuevas Profesiones -IUNP. Valencia, Venezuela.

- Técnico Especialista en Redes, Internetworking Basic. Instituto de Capacitación Empresarial I.C.E. INSIDENET GROUP-KTC. Caracas Venezuela.

- Pedagogo. Instituto Nacional de Cooperación Educativa -INCE. Caracas, Venezuela.

Formación Artística:

- Dibujo y Pintura. Escuela de Arte "Arturo Michelena". Ateneo de Valencia. Valencia, Venezuela.

- Cine y Televisión, FUNDACINE-UC, Universidad de Carabobo -UC. Valencia, Venezuela. Escuela Nacional de Cine y Televisión, Universidad de Los Andes -ULA. Mérida, Venezuela.

- Diseño Gráfico y Artes Visuales. Centro Universitario de Arte -CUDA, Universidad de Los Andes -ULA. Mérida, Venezuela

Carrera Profesional:

- Dibujante y Animador de Cortometrajes para Cine, en el Departamento de Cine de la Universidad de Los Andes –ULA, en Mérida, Venezuela.

- Asistente de Investigación y Fotógrafo FreeLancer, del Instituto de Investigaciones del Folklore y la Cultura Popular Andina, de la Facultad de Humanidades y Educación de la Universidad de Los Andes –ULA, en Mérida, Venezuela.

- Ejecutivo de Mercadeo en el Área de Retail y Supervisor Nacional de Imagen Corporativa, para toda la Fuerza de Ventas Externa –Agentes Autorizados- de Telcel-Bellsouth de Venezuela. Especializado en Productos y Servicios en Telecomunicaciones: Telefonía Móvil Celular, Proveedor de Servicios de Internet –ISP y Enlaces T1. Caracas, Venezuela.

- Fundador, Investigador y Microempresario en Tecnologías GNU-Linux. Empresa Apogee System de Venezuela. Dedicada a la implementación de Herramientas de Software Libre/GNU-Linux, en el Sector Petroquímico, así como al desarrollo de Metodologías y Tecnologías Educativas y para el desarrollo Micro-empresarial. Valencia, Venezuela.

- Como Artista FreeLancer, residí de manera legal en Suiza por 5 años; durante el año 2013, en Zúrich tuve con-

tacto de primera mano con la Tecnología Blockchain –
*Ethereum-* y desde entonces investigo por cuenta propia
en el ámbito de la Creación de Criptovalores.

· Al día de hoy, soy Investigador Independiente en Tecnologías Exponenciales y en Ciencia de Datos; en tanto
trabajo como Trader Independiente en el Mercado Mun-
dial de Divisas FOREX.

www.ingramcontent.com/pod-product-compliance
Lightning Source LLC
LaVergne TN
LVHW041207050326
832903LV00020B/517